ARISTIPPE,

COMÉDIE-LYRIQUE
EN DEUX ACTES,

Représentée pour la première fois, sur le Théâtre de l'Académie Impériale de Musique, le 24 mai 1808.

A PARIS,

Chez ROULLET, Libraire de l'Académie Impériale de Musique, rue des Poitevins, n°. 7.

1808.

Paroles de Mr. GIRAUD.

Musique de Mr. KREUTZER.

Le Ballet est de la composition de Mr. GARDEL.

AVANT-PROPOS.

L'ABBÉ Barthélemy m'a fourni le trait qui fait le fond de ce petit ouvrage.

Voici ce qu'il fait raconter par Aristippe lui même, dans le chapitre *des Voyages d'Anacharsis*, où est exposée la doctrine du philosophe de Cyrêne.

« Plusieurs philosophes rigides, partisans de la » morale sévère, me blamaient hautement ; je ne » leur répondais que par des plaisanteries. »

» Un jour Polyxêne, qui croyait avoir dans son » âme le dépôt de toutes les vertus, trouva chez moi » de très-jolies femmes et les préparatifs d'un grand « souper. Il se livra sans retenue à toute l'amertume » de son zèle. Je le laissai dire, et lui proposai de » rester avec nous. Il accepta, et nous convainquit » bientôt que, s'il n'aimait pas la dépense, il aimait » autant la bonne chère que son corrupteur.. »

Voyages d'Anacharsis T. 3. *ch.* 32.

Tout ce que l'Antiquité nous a transmis d'*Aristippe* nous le représente comme un esprit juste, calme, voluptueusement modéré et singuliérement aimable. On a dit d'un de nos poëtes qu'il *avait désossé la langue* : on pourrait dire d'Aristippe qu'il *épierrait le chemin de la vie* ; mille réparties ingénieuses attestent à la fois son grand sens, la vivacité de son imagination et l'élégance de ses mœurs.

Si on lui reprochait d'aimer, de rechercher le commerce des Grands : « C'est au Médecin, répondait-il, à aller voir les malades. »

On l'avait vu demander une grâce à Denys, en embrassant ses genoux ; on l'en raillait, et il répliquait aux railleurs : « Est-ce ma faute à moi, si le » tyran a les oreilles aux pieds. »

Il jouissait des richesses sans les aimer ; il comparait la fortune à une coquette dont on ne refuse pas les faveurs, mais dont l'inconstance ne mérite pas nos regrets.

Sa morale, sa philosophie toute entière se trouve peut-être dans cette autre comparaison qu'il faisait des plaisirs à des esclaves qui l'aidaient à porter le poids de la vie.

C'est par suite de cet empire qu'il conservait toujours sur lui-même et sur tous ses goûts, qu'on le vit renvoyer en liberté trois jeunes et jolies filles que lui avait données Denys, pour prouver ainsi à quelques censeurs, que s'il effleurait par-fois la coupe de la volupté, jamais il ne l'épuisait jusqu'à l'ivresse, jamais il ne laissait les sens arracher le gouvernail à la raison.

Dans le premier plan de ma comédie, j'avais, en

prenant la substance de ce dernier trait, supposé Aristippe amoureux, et tandis que Polyxêne, son censeur, succombait aux attraits du plaisir, Aristippe triomphait de lui-même et renonçait à ses droits en faveur des deux jeunes amants qui avoient imploré sa générosité. Le jury qui reçut mon ouvrage, trouva que cette partie de l'intrigue compliquait l'action, sans ajouter essentiellement à son intérêt : il m'en demanda, en conséquence, la suppression, et je me suis rendu à cet avis, qui m'était donné par des personnes dont le goût et l'expérience ont dû me paraître des guides sûrs, en fait de matière Théâtrale.

PERSONNAGES.	ACTEURS.
ARISTIPPE,	*M. Lays.*
POLYXÊNE, faux sage, affectant le rigorisme.	*M. Dérivis.*
NICIAS, neveu de Polyxêne, amant d'Aglaure.	*M. Laforêt.*
AGLAURE, élève d'Aristippe.	*Mde. Ferrière.*
UN CORYPHÉE.	*M. Martin*

CHŒURS.

DISCIPLES et AMIS d'ARISTIPPE.

JEUNES GENS, des deux sexes.

ACTEURS ET ACTRICES

CHANTANTS DANS LES CHŒURS.

DESSUS.

Mesdames.

Proche.	Mazières.	Reine.
Bertrand.	Lacombe.	Dubois.
Delboy aînée.	Percilliée.	Lesbre.
Vallain.		

HAUTES-CONTRES.	TAILLES.	BASSES.
Messieurs.	*Messieurs.*	*Messieurs.*
Gaubert.	Martin.	L'hoste.
Fasquel.	Duchamp.	Lecoq.
Gousse.	Nocart.	Devilliers.
Désargus.	Mesnard.	Leroy.
		Adrien.
		Chapelot.

PERSONNAGES DANSANTS.

Mr. BAULIEU, Mlle. BIGOTTINI.

M M. Petit, Gaudefroy, Riviere, Chatillon.

Mlles. Adélaïde, Eulalie, Launer, Letellier.

Mr. SAINT-AMANT, Me. GARDEL.

Mrs. Desjazet, Saron, Verneuil, Toussaint aîné,
Melles. Boilay, Eugénie, Podevin, Dupuis.

Melle. DELISLE.

M M. Ève, Gogot, Toussaint cadet, Roziers.
Melles. Marinette, Lavancourt, Cécile, Flieger.

Melle. Hullin.

ARISTIPPE

ARISTIPPE,

COMÉDIE-LYRIQUE.

ACTE PREMIER.

Le Théâtre représente un appartement grec, élegamment décoré, et orné de statues : on y voit entr'autres celles d'Apollon, *de* Minerve *et deux groupes représentant l'un* Castor *et* Pollux, *l'autre les* Graces.

SCÈNE PREMIERE.

ÉLÈVES *d'Aristippe*, UN CORYPHÉE.

LE CORYPHÉE.

Nous allons le revoir, mes amis ; et les Dieux
Rendent enfin Aristippe à nos vœux.
De la cour de Denys méprisant la richesse,
Las sur-tout de ses vers d'Apollon rebutés,
Il vient jouir encor du beau ciel de la Grèce,
De ces jeux, de ces arts, l'orgueil de nos cités.

LE CHŒUR.

Les oiseaux célèbrent l'aurore ;
Le berger chante le printemps ;
L'amant la beauté qu'il adore ;
Le retour d'Aristippe est l'objet de nos chants.

JEUNES FILLES.

Dérobe sa vie
Aux yeux de l'envie,
Asile enchanté !

JEUNES GENS.

Douce volupté,
Couronne sa vie
Des amours chérie.

SCÈNE II.

LES PRÉCÉDENTS, ARISTIPPE; *il entre précédé et suivi de quelques amis plus intimes.*

LE CORYPHÉE.

Il paroît,
(Tous se groupent autour de lui.)
O mon maître !

ARISTIPPE.

O mes tendres amis !

LE CORYPHÉE.

O qu'ainsi pour jamais nous soyons réunis !

ARISTIPPE.

Mon cœur ému partage leur délire,
Et leurs transports ont passé dans mes sens.
Je me plais à jouir du bonheur que j'inspire :
Ah ! le bonheur ne fuit que les méchants.

AIR.

O volupté, toi par qui tout respire,
Toi, par qui l'homme touche au rang des immortels,
Viens ! La terre embellie appelle ton empire ;
Descends ! nos cœurs sont tes premiers autels.
La nature sévère à ses loix asservie,
Joignit le tourment au desir :
Les Dieux plus indulgents, aux peines de la vie
Ont mêlé la fleur du plaisir.

LE CHŒUR, *reprend.*

O volupté, etc. etc.

ARISTIPPE *brûle des parfums devant les statues d'Apollon et de Minerve. La danse s'unit au chœur, par un pas d'un caractère religieux. Un domestique, pendant ce temps, parle bas au Coryphée qui le suit, et rentre peu après.*

SCÈNE III.

LES MÊMES, LE CORYPHÉE.

LE CORIPHÉE.

Intéressant neveu du sombre Polyxêne,

Nicias demande, en ces lieux,
A t'exposer une secrète peine :
Veux-tu le recevoir ?

ARISTIPPE.

Oui, s'il est malheureux :
Consoler les mortels c'est imiter les Dieux.

CHŒUR.

Que rien ne trouble nos mystères ;
Un instant suspendez vos / suspendons nos jeux.

(Tous se retirent.)

SCÈNE IV.

ARISTIPPE, NICIAS.

NICIAS.

Daigne, Aristippe, écouter mes prières ;
Ami de la jeunesse et des tendres Amours,
Pour eux, pour moi, j'implore ton secours.

ARISTIPPE.

L'Amour ne sait-il plus se protéger lui-même ?
L'Amour a-t-il perdu sa puissance et ses traits ?

NICIAS.

Connois mon malheur ; hélas ! j'aime,
J'aime, sans espoir de succès.

AIR.

Je brûlois pour la jeune Aglaure,
Son cœur répondoit à mes vœux :
Polyxêne instruit de nos feux,
M'arrache à celle que j'adore.
Seconde mon amour ;
C'est toi seul que j'implore.
Si je perds mon Aglaure,
Je perds aussi le jour.

ARISTIPPE.

Je conçois la douleur dont ton ame est saisie ;
Mais quels secours espères-tu de moi ?

NICIAS.

Polyxêne t'estime et je vis sous sa loi ;
Ton crédit peut changer sa triste fantaisie.
Oui, j'obtiendrois Aglaure de sa main,
Si tes soins près de lui protégeoient notre hymen.

ARISTIPPE, *avec reflexion.*

Je le protégerai.... Dans son humeur austère,
Chaque jour Polyxêne outrage ses amis....
Corrigeons son orgueil.. Punissons ses mépris,
Ou du moins méritons l'honneur de sa colère...
J'en jure par l'Amour, j'en jure par sa mère ;
Tendres amants, oui, vous serez unis !

Faisons venir Aglaure :

NICIAS.

O moment plein de charmes !

ARISTIPPE.

Tous deux auprès de moi dissippez vos alarmes :
Ces lieux sont pour vous, en ce jour,
Le temple de l'Hymen, l'asile de l'Amour.

Nicias fait quelques pas pour sortir : Polyxène entrant brusquement, lui coupe le chemin, et l'arrête un instant.

SCÈNE V.

ARISTIPPE, POLYXÈNE, NICIAS.

POLYXÈNE, *à Nicias.*

Ainsi de mes leçons vous perdez la mémoire !
Sortez de ces coupables lieux :
Trop indigne neveu que repousse ma gloire,
Opprobre de mon nom, fuyez loin de mes yeux.

Nicias se retire : Aristippe lui fait signe d'attendre dans une pièce voisine.

A Aristippe.

Vous riez....

ARISTIPPE.

J'ai l'ame ravie
De voir ces doux effets de ta philosophie.

POLYXÈNE.

Trouverai-je toujours tes vices complaisants?

ARISTIPPE.

Polyxêne bien mieux sait gouverner ses sens!

POLYXÈNE.

AIR.

Ah! c'en est trop et je ne puis me taire;
Je ne puis retenir mes sentiments secrets:
Tes plaisirs scandaleux excitent ma colère,
Et je rougis de tes excès.

O déshonneur de la philosophie!
De pourpre et d'or brillent tes vêtements.
Esclave de l'amour, esclave chez les grands,
Boire, chanter, aimer, voilà toute ta vie.

Ah! c'en est trop, et je ne puis me taire,
Je ne puis retenir mes sentiments secrets:
Tes plaisirs scandaleux excitent ma colère,
Et je rougis de tes excès.

ARISTIPPE.

Et voilà mes forfaits...

POLYXÈNE.

Il plaisante!

ARISTIPPE.

Modère
Les transports de cette colère.

AIR.

Pourquoi repousser les faveurs
Qu'à nos pieds sème la fortune ?
Ses présents sont comme les fleurs ;
On en voit mille, on en cueille une.
Le Sage qui lui tend les bras,
Sait qu'il ne tient qu'une coquette :
Il jouit de tous ses appas ;
Elle part sans qu'il la regrette.

POLYXÈNE.

De nos voluptueux voilà bien les discours.

ARISTIPPE.

Pourquoi disputer aux Amours,
Aux Dieux légers de la jeunesse,
Quelques instants, hélas ! si courts,
Et qu'abrège assez la vieillesse :
Plus heureux de leur commander,
Je vois, dans leur troupe asservie,
Des esclaves faits pour m'aider
A porter le poids de la vie.

POLYXÈNE.

Quelle doctrine, O Dieux ! quelle perversité !
Je suis confus de l'avoir écouté ;
Fuyons....

ARISTIPPE.

De grâce, un mot, rigoureux Polyxène !

Parlons

Parlons de ton neveu, du sujet qui l'amène.
Je voudrois....

POLYXÊNE.

L'enivrer de tes folles erreurs ?

ARISTIPPE.

Quoi, l'amour, à tes yeux pourroit-il être un crime?

POLYXÊNE.

Divinise à ton gré ces honteuses fureurs ;
Je ne sais point au vice accorder mon estime.

ARISTIPPE.

As-tu vu la beauté qu'adore Nicias ?

POLYXÊNE.

Me préservent les Dieux de pareille foiblesse !

ARISTIPPE.

Tu braves l'ennemi que tu ne connois pas.

POLYXÊNE.

Qui méprise ses traits peut braver ses combats.

ARISTIPPE, *avec une bonne-foi ironique.*

Peut-être as-tu raison... Mais ce jour d'allegresse
Rassemble mes amis pour un joyeux repas;
Du moins reste avec nous...

(à part, mais pour être entendu.)

Dans la plus folle ivresse,
S'il accepte, bientôt je plongerai ses sens.

POLYXÊNE, *qui l'a écouté et croit avoir surpris son secret.*

Toi! tu peux le tenter...

ARISTIPPE.

Tu le veux!

POLYXÈNE.

J'y consens.

DUO.

ARISTIPPE.	POLYXÊNE.
De la fête Qui s'apprête Connois-tu bien les dangers.	De la fête Qui s'apprête. Oui je connois les dangers?

ENSEMBLE.

Gaîté lutine,
Table divine,
Vins étrangers;
Nymphes riantes,
Aux voix brillantes,
Aux pieds légers.

ARISTIPPE.	POLYXÊNE.
De la fête Qui s'apprête Voilà, voilà les dangers.	Pour ma tête Cette fête N'offre point de grands dangers.

Au piège il se prend lui-même.	A son piège pris lui-même,
Et tout sourit à mes veux :	Je vais le voir tout honteux,
Bientôt sa rudesse extrême	Devant ma sagesse extrême,
Doit expirer dans nos jeux.	Perdre son temps et ses jeux.
De Nicias, de son amie,	Que Nicias dans sa folie
Sa chûte assure le bonheur ;	N'est-il témoin de mon bonheur !
Et de sa lugubre manie	A l'auguste philosophie
Je corrige un triste censeur.	Mon exemple rendroit son cœur.
De la fête	De la fête
Qui s'apprête	Qui s'apprête
Tu connois bien les dangers, etc.	Oui, je connois les dangers, etc.

SCÈNE VI.

LES PRÉCÉDENTS, LES CHŒURS *du Chant et de la Danse.*

ARISTIPPE.

Compagnons, accourez... Légers enfants d'Athène,
Des jeux et des plaisirs combattez l'ennemi.

UN CORYPHÉE.

Qui ?

ARISTIPPE.

Le sévère Polyxêne.

Des jeux et des plaisirs combattez l'ennemi.

POLYXÊNE, *qui s'est placé de manière que le Chœur puisse être supposé ne l'avoir pas vu en entrant.*

Voilà ses compagnons! Que de foux dans
Athène!
Contre eux mon cœur est affermi;
Ils vont connoître Polyxêne.
Contre eux mon cœur est affermi.

(*On entoure Polyxêne. On l'approche avec une curiosité maligne.*

CHŒUR.

JEUNES FILLES.

La plaisante figure!
Et quel homme est-ce là?

JEUNES GENS.

C'est un sage d'après nature,
Un sage que vous voyez-là.

ENSEMBLE.

Nous te jurons, la chose est sûre,
De rendre fou ce sage - là.

ARISTIPPE.

Il prétend dompter la nature,

Jamais beauté ne le tenta.
Humiliez, je vous conjure,
La raison de sage - là.

POLYXÊNE.

Jusqu'au bout voyons l'aventure.
Les tristes pièges que voilà !
J'aurai du plaisir, je le jure,
A corriger tous ces foux-là.

Danses.

L'action du Ballet commence à se dévélopper. On présente à Polyxêne des lyres, des thyrses, etc. On veut l'entraîner vers le groupe des Graces. *Il repousse avec dédain ces premières séductions.*

ARISTIPPE. (*Il voit que l'attaque est mal dirigée, et appelle à lui ses élèves.*

Arrêtez... L'ennemi prépare sa défense.
Cachons avec habileté
Le piège que redoute ici sa méfiance.

(*Il va vers Polyxêne.*

Sans que ta vertu s'en offense,
Polyxêne, connois mes Dieux, ma volupté.

(*Il le conduit vers la statue de* Minerve.

POLYXÊNE.

Quoi ! Minerve en ces lieux ?

ARISTIPPE.

Jouit-on sans sagesse?

(*Hommage à Minerve. On pare la Sagesse de fleurs.*)

POLYXÈNE, *conduit vers la statue d'Apollon.*

Apollon!

ARISTIPPE.

Dieu des arts, à Minerve est lié.

(*Hommage à Apollon. On élève devant lui un trophée de lyres et de lauriers.*)

POLYXÈNE, *conduit vers le groupe de* Castor *et* Pollux.

Castor avec Pollux!

ARISTIPPE.

M'enseignent l'amitié.

(*Hommage à l'amitié. Les danseurs enlacés, peignent l'union qui régne chez Aristippe.*)

POLYXÈNE, *conduit vers le groupe des* Graces.

Les Graces!

ARISTIPPE.

De nos mœurs polissent la rudesse;
Et le divin Socrate, ornement de la Grèce,
Notre maître à tous deux, leur à sacrifié.

Hommage aux Graces.

(*Avec enthousiasme.*)

Divinités du sage! oui, c'est vous que j'honore:
Présidez à ma vie, à nos jeux innocents.
Pour chanter vos bienfaits, de ma lyre sonore
Inspirez les accents.

(*On va en dansant, chercher une lyre qui à été déposée aux pieds d'Apollon, et on l'apporte à Aristippe, avec une gracieuse solemnité. Polyxéne est assis.*)

ARISTIPPE, *après avoir reçu sa lyre, prélude sur cet instrument.*

AIR.

Connoissez ma philosophie:
Je posséde en suivant ses pas,
Tous les biens qui charment la vie;
Ces biens ne me possédent pas.

Des plaisirs permis à la terre,
Je prends l'exemple dans les Cieux:
Minerve qu'on dit si sevère
Boit le doux nectar chez les Dieux.

En suivant leur philosophie,
Comme eux je posséde ici bas
Tous les biens qui charment la vie;
Ces biens ne me possédent pas.

Tour à tour du chant, de la danse

Belles disputez l'heureux prix ;
Aux lauriers qu'Apollon dispense
Joignez les Myrtes de Cypris.

Ah ! suivez ma philosophie.
Vous posséderez sur ses pas
Tous les biens qui charment la vie :
Mais qu'ils ne vous possédent pas.

Sur des fleurs fraîchement écloses
Marchons doucement, sans regrets,
Vers ce terme où lauriers et roses
Céderont la place aux cyprès.

Oui, voilà ma philosophie ;
Et je posséde dans ses bras
Tous les biens qui charment la vie ;
Ces biens ne me possédent pas.

C H Œ U R *et Danse.*

Nous suivons sa philosophie,
Et nous possédons sur ses pas
Tous les biens qui charment la vie ;
Ces biens ne nous possédent pas.

Le ballet continue. Des tableaux de différents genres se succèdent. Polyxène assis et entouré de quelques Coriphées qui paroissent partager ses principes et entretiennent sa sécurité, témoigne par ses gestes les diverses impressions qu'il reçoit ; jusqu'à ce qu'enfin conduit par degrés

à

à contempler les danses les plus voluptueuses, il ne puisse plus cacher l'émotion qui a pénétré ses sens : sur-tout le tableau de deux époux qui dansent avec leur enfant, l'intéresse vivement.

UN CORYPHÉE, *à Polyxéne.*

Que dites-vous de cette scène ?

POLYXÊNE.

Je suis assez content de tout ce que je vois :
Je pense qu'Ulysse autrefois,
Avec moins de plaisir entendit la Syrène.
J'aime assez tous ces jeux : ces agaçants minois
Peut-être en séduiroient d'autres que Polyxêne.
Mais je sais...

ARISTIPPE. (*s'apperçoit que Polyxéne est ému et donne aussitôt le signal du festin.*

Venez tous, et dans un long festin,
Allons chanter Bacchus, et couronner le vin.

CHŒUR *et Danse.*

Noyons la tristesse
Dans des flots de vin;
Buvons ! le tems presse :
Aurons - nous demain,
L'instant que nous laisse
L'aveugle destin ?

Tant que la jeunesse
Brille dans nos yeux,
D'une double ivresse
Confondons les jeux;
Aimons ! La sagessse
Est l'art d'être heureux.

Polyxène entouré des Danseurs, et enlacé de guirlandes, se laisse conduire sans trop de résistance, vers la salle du festin.

FIN DU PREMIER ACTE.

ACTE II.

Le Théâtre représente une partie des jardins d'Aristippe ; on y verra quelques statues, entr'autres celles de l'Amour et de Vénus. Sur le devant seront des sièges placés comme au hasard. Le jour va paroître : mais la scène est encore éclairée par un reste d'illumination de la fête.

SCÈNE PREMIERE.

AGLAURE, UN CORYPHÉE, *qui l'introduit.*

LE CORYPHÉE,

Sous le plus favorable auspice,
Jeune Aglaure, en ce lieu, venez gouter la paix!
L'Amour, au gré de vos souhaits,
Vous y promet un sort propice.
Aristippe à vos yeux va bientôt se montrer ;
Il vous dira ce qu'il projete,
Et de lui vous pouvez déja tout espérer.

(*Il sort*)

SCÈNE II.

AGLAURE, *seule.*

Aristippe à mes yeux va bientôt se montrer !
Il me dira ce qu'il projete...
Si mon bonheur en cet instant s'apprête,
Nicias, viens toi-même, ah ! viens m'en assurer.

AIR.

Qui te retient ? qui t'arrête ?
Déja s'avance le jour ;
Et ton amante inquiète
Est seule avec son amour.

Je t'appelle, je soupire ;
Sensibles à mes accents,
Les échos semblent redire
Et ton nom et mes tourmens.

Lorsque tu fuis ton amie,
Mon cœur vole et suit le tien :
T'aimer est toute ma vie ;
Te le dire est tout mon bien.

Qui te retient ? qui t'arrête ?
Déja s'avance le jour :
Et ton amante inquiète
Est seule avec son amour.

Quelqu'un vient, ah ! dumoins cachons ce trouble extrême.
Qu'il ne trahisse pas le secret de mon cœur.
C'est lui... je l'apperçois... Amour, c'étoit lui-même !
Et ce trouble si doux m'annoncait mon vainqueur.

SCÈNE III.

AGLAURE, NICIAS.

NICIAS.

Jour de bonheur ! jour d'allegresse ! !
Aglaure, enfin, je te revois.

AGLAURE.

Déja de Nicias j'accusois la tendresse...

NICIAS.

Et Nicias accouroit à ta voix.

DUO dialogué.

Partage l'espoir qui m'anime !
Polyxêne a perdu ses farouches rigueurs ;
Jai vu trainer, sous des liens de fleurs,
Aux autels de Bacchus, cette grande victime.

AGLAURE.

Aux autels de l'hymen, par des nœuds plus flatteurs,

Amitié, viens serrer la chaîne de nos cœurs!

NICIAS.

En ces beaux lieux l'Amour triomphe avec
Aglaure,
Et pour moi leur aspect en est plus ravissant.

AGLAURE.

Leur maître généreux est plus aimable encore;
Récompense, ô Vénus, ce mortel bienfaisant.

NICIAS.

Aristippe est aimé; rarement une belle
Repousse de ses vœux l'hommage séduisant.

AGLAURE.

Auprès de lui plus d'un objet charmant,
D'un amant trop heureux a fait un infidelle.

NICIAS.

Si des appas d'Aglaure il étoit ébloui?

AGLAURE.

Si Nicias épris d'une nymphe nouvelle!

NICIAS.

Quel horrible tourment!...

AGLAURE.

Quelle douleur mortelle!

NICIAS.

N'aurais-je tant aimé que pour être trahi?

AGLAURE.

Sens palpiter le cœur de ton amie,
Ingrat ! il ne bat que pour toi.

NICIAS.

Oui, je sens palpiter le cœur de mon amie ;
Je suis heureux : il ne bat que pour moi.
Qu'amour éteigne et mes feux et ma vie,
Si le mien te ravit sa foi.

AGLAURE.

Que la lumière à mes yeux soit ravie,
S'ils trouvent quelqu'objet plus aimable que toi.

ENSEMBLE.

Flatteuse espérance,
Tendresse, constance,
Régnez sur mes sens enchantés.
Soupirs, douces larmes,
Plaisirs sans allarmes
Ramenez tous les jours vos pures voluptés.

SCÈNE IV.

LES PRÉCÉDENTS ARISTIPPE.

ARISTIPPE *au fond, les contemplant embrassés.*

Nature, Amour ! qui peut détruire votre ouvrage ?

Qui seroit insensible à ces charmants
transports ?

AGLAURE.

Auteur de nos plaisirs, recevez en l'hommage.

ARISTIPPE.

Bientôt ils seront sans nuage ;
Mais il faut de nouveaux efforts.

NICIAS.

Polyxène au festin garde-t-il sa rudesse ?

ARISTIPPE.

Il combat fièrement tous les vins de la Grèce :
Dédaigne le Scio, rabaisse le Naxos,
Et cependant j'ai vu sa superbe sagesse
Sourire aux parfums du Thasos.
Bacchus a désormais préparé sa défaite :
Mais sa peine est trop douce ; il outragea
l'Amour,
Et pour voir sa honte complette,
Je veux qu'il s'enflamme à son tour...
Je l'entends... Vers nous il s'avance...

NICIAS.

Il paroît en courroux.

ARISTIPPE.

Préparons ma vengeance.
Retirons-nous,
Faisons silence.

(Il les emmene vers le fond où il parait expliquer à Aglaure ses projets contre Polixéne.)

SCÈNE V.

LES PRÉCÉDENTS, *dans le fond*, POLYXÊNE *sans les voir et très-échauffé.*

POLYXÈNE.	ARISTIP. AGLAU. NICIAS.
Non, non; non jamais	
Sa bachique audace	On diroit qu'il menace!
Ne porta le Thrace	
A de tels excès.	Écoutons ses projets!
De la tempérance	Quelle tempérance!
J'invoque les loix;	
L'on chante, l'on danse,	
L'on rit à ma voix...	L'on rit à sa voix.
Mais pourtant leurs vives saillies	Leurs vives saillies, Leurs chansons jolies,
Ont égayé ma gravité;	Ont égayé sa gravité.
Leurs chansonettes sont jolies;	
Moi-même avec eux j'ai chanté,	
J'ai chanté les tendres folies,	Lui-même il a chanté
Le vin, l'amour et la beauté.	L'amour et la beauté.

POLYXÊNE.

Que fais-je? Suis-je Polyxêne?...
Quittons, quittons ces lieux où triomphe Sylène.

POLYXÈNE.

Non, non ! non, jamais
Sa bachique audace,
Ne porta le Thrace
A de tels excès !
Quels cris et quelle extravagance !

Un effet d'orchestre peint les éclats de la joie du festin.

Ils s'amusent de mon courroux !
Ils plaisantent ma tempérance !
Fuyons, fuyons de pareils foux.

ARISTIP. AGLAU. NICIAS.

Ses vains projets,
Sa folle audace
L'ont fait tomber dans nos filets.
Retirons-nous, faisons silence.
Retirez-vous, faites silence.
A l'attaquer préparons nous.
Aglaure entreprend ta vengeance,
Amour j'entreprends ta vengeance,

Amour, Amour seconde-nous.
guide mes pas, seconde-nous.

Avancez-vous, faites silence.
Retirons-nous, éloignez-vous.

SCÈNE VI.

AGLAURE, POLYXÈNE.

POLYXÈNE, *appercevant Aglaure.*

Que cherche cette belle ?.. est-ce à moi qu'on s'adresse ?
C'est quelque nouveau piège .. ô desseins superflus !

Je combattrai l'Amour.. comme j'ai fait Bacchus.

AGLAURE, *avec beaucoup d'ingénuité.*

Vous dont on m'a vanté la sublime sagese,
Ennemi des folles erreurs,
Contre leurs poisons séducteurs,
Polyxêne, daignez protéger ma jeunesse.

POLYXÊNE.

(*à part.*) (*haut.*)
Oh! je m'étois trompé... Qu'exigez-vous de moi?
Parlez; je saurai vous instruire.

AGLAURE.

De la raison révélez-moi l'empire;
Je veux mettre l'amour, comme vous, sous ma loi.

POLYXÊNE.

Quoi! vous mépriseriez son frivole délire?
Ne m'abusez vous point? soyez de bonne foi..
Si vous craignez l'amour...

AGLAURE, *malignement.*

Vous pourrez m'en défendre...

POLYXÊNE.

D'Aristippe fuyez, fuyez toute leçon.

AGLAURE.

Ah! si vous connoissiez ce qu'il ose entreprendre!

POLYXÈNE.

Perfide, séducteur !! Mais vous... que de raison !

(*à part.*)

Que d'attraits!... oui je veux lui ravir sa victime.

AGLAURE (*à part.*)

Ces soins sont généreux !!

POLYXÈNE.

Le trait serait sublime,
Si je pouvois sauver ses innocents appas
Des périls semés sous ses pas.

AGLAURE.

(*à part.*) (*haut.*)

Il est vaincu... Je ne puis vous comprendre.

POLYXÈNE.

Mon cœur ému d'une tendre pitié
Vous offre en ce moment la plus vive amitié.

AGLAURE

Daignez vous expliquer...

POLYXÈNE.

Je vais me faire entendre.

Ces jeunes fous sont des trompeurs,
Courant, volant de belle en belle :
Ce sont des serpents sous les fleurs;
Fuyez leur blessure cruelle.

AGLAURE, (*à part.*

A quoi tend ce conseil?

POLYXÈNE.

Mais des leçons des Dieux

Suivez la sagesse suprême:
S'ils vous ont donné ces beaux yeux,
Ah ! c'est qu'ils veulent qu'on les aime.

AGLAURE.

(*à part.*) (*haut et tendrement.*)

Je triomphe.. où trouver ce sage et pur amour?
Il n'en existe point...

POLYXÈNE.

Votre erreur fut la mienne...

AGLAURE.

Ce n'est point une erreur.. les amants tour à tour
Sont inconstants, ingrats, trompeurs.

POLYXÈNE.

Dieux ! quelle peine
Me suis-je préparée en ce funeste jour.
Ah ! croyez qu'un objet touchant, incomparable,
Peut trouver un amant tendre, respectueux..

AGLAURE.

Ce seroit, je l'avoue, un Phénix... adorable;
Et je voudrois le voir.

POLYXÈNE.

Il est devant vos yeux.

DUO.

AGLAURE.	POLYXÈNE.
Quoi! vous pourriez être amoureux!	Je sens que je suis amoureux,
Songez que c'est une folie.	Mais amoureux à la folie!
De vos principes rigoureux	
Songez que la gloire est flétrie.	Qu'importe si je suis heureux?
J'ai vaincu d'un Sage austère	Mon cœur trop long tems sévère
La raison triste et sévère	Quitte sa morale austère
Et les mépris orgueilleux.	Et ses mépris orgueilleux.
Il n'a pu fuir sa défaite;	Quel plaisir pour moi s'apprête!
Et de ma rare conquête	
Ma foi, je ris de mon mieux.	La plus charmante conquête
	Va me rendre égal aux Dieux.
Mais écoutez: C'est peu d'être amoureux.	Quoi, c'est trop peu d'être amoureux?
Il est un secret préférable	Quel est ce secret préférable?
Retenez la leçon des Dieux:	J'écoute la leçon des Dieux....
Pour être aimé soyez aimable.	Eh bien pour être aimé, je prétends être aimable.

J'ai vaincu, etc. | Mon cœur, etc.

AGLAURE.

Dans mon amant j'aime un peu d'élégance;
Et vos habits épouvantent mes yeux.
Essayez ce manteau.

(*Elle lui montre un manteau d'Aristippe, qui aura été placé à dessein sur un siège.*)

POLYXÊNE.

Moi! Vous riez je pense.

AGLAURE.

Comme ces plis sont gracieux!
Il est d'un goût exquis...

POLYXÊNE *s'en revêt.*

Voyez ma complaisance.
Comment me trouvez-vous?

AGLAURE.

Très-bien... Mais vos cheveux!...
Je voudrois égayer cette sombre coëffure.
L'Amour aime les fleurs..

(*Elle lui présente une Couronne qu'elle prend au pied d'une des Statues du jardin.*)

POLYXÊNE.

Ah! c'est trop... je vous jure
Que l'on rira de moi, si l'on sait l'aventure.

AGLAURE.

Eh quoi! déjà vous rejettez mes vœux!

Oui, je le vois; de la sagesse
Les tristes goûts vous plaisent mieux
Que mes desirs et ma tendresse...
Adieu...

POLYXÈNE.

Non non.. restez, enchanteresse:
Donnez.. Ah! je sens bien que je suis amoureux!

(*Il tombe aux genoux d'Aglaure.*)

SCÈNE VII ET DERNIÈRE.

LES PRÉCÉDENTS, ARISTIPPE, NICIAS, LE CHŒUR.

LE CHŒUR.

Oh! vraiment l'aventure est bonne;
Polyxène est à ses genoux.
Voyez cette sage personne,
Qui devoit nous corriger tous.

ARISTIPPE, NICIAS.

Dieux! un philosophe à genoux!
A dire vrai, cela m'étonne.
La sagesse vous abandonne:
Mon ami } je rougis pour
Mon oncle } vous.

POLYXÈNE.

Vous me voyez à ses genoux:
L'Amour y met cette couronne.
Si j'obtiens qu'elle me la donne,
C'est moi qui me rirai de vous.

AGLAURE

AGLAURE.

Polyxêne d'Amour connoit enfin la flamme;
L'ennemi des plaisirs se soumet à mes loix:
Quand je vais révéler le secret de mon âme,
Jurez tous d'approuver mon choix.

TOUS, *et Polyxêne à la tête.*

Par Vénus, des amants tutélaire déesse
Nous jurons d'approuver son choix.

AGLAURE.

(*Elle se trouve placée entre* POLIXÊNE *et* NICIAS *que* POLYXÊNE *n'apperçoit pas. C'est à* NICIAS *qu'elle s'adresse.*)

Mon cœur sentit pour vous la première tendresse;
De l'amour couronné recevez tous les droits.

POLIXÊNE, *étonné.*

C'est Nicias quelle préfére !
Je reste sans force et sans voix.

ARISTIPPE, NICIAS, AGLAURE.

Puisque c'est { lui qu'elle / moi qu'elle / lui que je } préfére,
De { tes / vos } serments { garde / gardez } les loix.

LE CHŒUR.

C'est Nicias qu'elle préfére;
De l'Amour même il tient ses droits.

POLYXÈNE.

Je suis joué, la chose est claire;
Je suis trahi.

LE CHŒUR.

Consolez-vous.

POLYXÈNE.

Je n'écoute que mon courroux.

LE CHŒUR.

Écoutez des conseils plus doux,
Consolez-vous;
Puisque c'est lui qu'elle préfère,
Consolez-vous.

POLYXÈNE.

Non, non, non, non.

LE CHŒUR.

Consolez-vous.

POLYXÈNE.

Cet outrage me rend à ma vertu première,
Je n'écoute que mon courroux.

ARISTIPPE.

Pourquoi toujours de la colère
Suivre les conseils furieux?
Bacchus et l'Amour t'ont su plaire:
Cède la victoire à ces Dieux.

POLYXÈNE.

Je suis joué, la chose est claire;

Je suis trahi....

LE CHŒUR.

Consolez-vous.

Venez chanter, boire avec nous.

JEUNES FILLES.

Nous jurons toutes de nous taire.

TOUS.

Pour vous, elles sauront se taire.
Écoutez des conseils plus doux,
Ou, malgré votre vain courroux,
Nous publîrons tout ce mystère.

POLYXÈNE, *pensif.*

Quoi, vous publîriez ce mystère !!

TOUS.

Athènes saurait ce mystère.

ARISTIPPE.

Il est plus d'une autre bergère,
Il est plus d'un vin précieux;
Et d'une chaîne plus légère
Laisse nous t'offrir les doux nœuds.

POLYXÈNE, (*presqu'à part.*)

Tendre bergere,
Vins précieux
Valent bien mieux
Qu'humeur austère.
Raison sévère,
Triste colère,

Ah ! pour jamais recevez mes adieux.

TOUS.

Il est vainçu ; plus de colère ;

Et sa main va serrer { nos / vos } noeuds.

POLYXÈNE, *à Nicias et à Aglaure.*

De vos plaisirs je suis heureux ;
Oubliez ma vaine colère ;
Et que ma main serre vos noeuds.

TOUS.

<table><tr><td>Au tendre Amour
Au grand Bacchus</td><td>}</td><td>victoire entière!</td></tr></table>

<table><tr><td>De</td><td>{</td><td>nos
vos
leurs</td><td>}</td><td>plaisirs.</td><td>Il est
Je suis
Il est</td><td>}</td><td>heureux ;</td></tr></table>

<table><tr><td>Et</td><td>{</td><td>sa
sa
ma</td><td>}</td><td>main va serrer</td><td>{</td><td>nos
vos
leurs</td><td>}</td><td>noeuds.</td></tr></table>

ARISTIPPE *et Chœur après lui.*

<table><tr><td>Méfiez-vous
Méfions-nous</td><td>}</td><td>toujours d'une sagesse extrême ;</td></tr></table>

<table><tr><td>Dépouillez
Dépouillons</td><td>}</td><td>la vertu d'une fausse rigueur :</td></tr></table>

La Nature et l'Amour, voilà le bien suprême.

<table><tr><td>Jouissez
Jouissons</td><td>}</td><td>de</td><td>{</td><td>votre
notre</td><td>}</td><td>bonheur.</td></tr></table>

FIN.

www.ingramcontent.com/pod-product-compliance
Ingram Content Group UK Ltd.
Pitfield, Milton Keynes, MK11 3LW, UK
UKHW021522260726
13993UKWH00004B/1839